El Despertar de la Maternidad Universal

Sri Mata Amritanandamayi

El despertar de la Maternidad Universal

Un discurso de
Sri Mata Amritanandamayi

con motivo de una
Iniciativa por la Paz Global de
Mujeres Guías Espirituales y Religiosas

Palacio de las Naciones, Ginebra
7 de Octubre de 2002

Mata Amritanandamayi Center, San Ramon
California, Estados Unidos

El Despertar de la Maternidad Universal
Publicado por:
　Mata Amritanandamayi Center
　P.O. Box 613
　San Ramon, CA 94583
　Estados Unidos

– *The Awakening of Universal Motherhood (Spanish}* –

Copyright © 2003 Mata Amritanandamayi Mission Trust, Amritapuri, Kerala 690546, India

Todos los derechos reservados. No se permite la reproducción total o parcial de este libro, ni su incorporación a un sistema informático, ni su transmisión, reproducción, transcripción o traducción a ninguna lengua, en ningún formato y por ninguna editorial.

Primera edición por MA Center: septiembre de 2016

En España: www.amma-spain.org
　fundación@amma-spain.org

En la India:
　inform@amritapuri.org
　www.amritapuri.org

Contenido

Plegaria	6
Prefacio	9
Discurso de Aceptación	31
Discurso Principal	35

Plegaria

ॐ

असतो मा सद्गमय
तमसो मा ज्योतिर्गमय
मृत्योर्मा अमृतं गमय
ॐ शान्तिः शान्तिः शान्तिः

Om
*asato mā sadgamaya
tamaso mā jyotirgamaya
mṛtyormā amṛtaṁ gamaya
Om śāntiḥ śāntiḥ śāntiḥ*

Om
llévanos de la ilusión a la Verdad,
de la oscuridad a la Luz,
de la mortalidad a la Inmortalidad.
Om, paz, paz, paz.

Con la vela de la paz

Prefacio

El Poder de la Maternidad Universal

Por Swami Amritaswarupananda Puri

Cuando las naciones de todo el mundo se conmovieron por el derramamiento de sangre causado por la Primera Guerra Mundial, unieron sus manos y surgió un templo de paz, la "Liga de las Naciones". Su sede central se situó en Ginebra, Suiza. Mientras las naciones competían por mostrar su poderío, la Liga se convertía en una lámpara que indicaba a la gente y a las clases gobernantes los caminos que conducían a la paz. Ese era su objetivo. Aunque la Segunda Guerra Mundial puso fin a la Liga de las Naciones, las naciones de todo el mundo se volvieron a unir nuevamente. Este hecho trajo consigo la creación de las Naciones Unidas.

Del 6 al 9 de octubre de 2002 se reunieron de nuevo las naciones en Ginebra para participar en el encuentro mundial de mujeres guías espirituales y religiosas, de todas partes del mundo y todas las religiones, organizado por la Iniciativa para La Paz Global de mujeres religiosas y líderes espirituales. Esta conferencia fue una iniciativa de la Cumbre del Milenio para una Paz Mundial que tuvo lugar dos anos antes en las Naciones Unidas en Nueva York. Representantes de unas 125 naciones participaron en la Iniciativa de Ginebra.

El día anterior, 6 de octubre, hubo dos importantes sesiones. La primera tuvo lugar en el hotel Beau-Rivage, en el corazón de Ginebra. Las mujeres se reunieron como si fueran una comunidad, trascendiendo los límites de religión, cultura, raza y lengua. Unidas en su sincero anhelo por la paz mundial, rezaron y meditaron juntas – un primer paso en el camino hacia la paz

Alrededor de las 3 de la tarde Amma llegó a la entrada del hotel Beau Rivage. La organizadora de la Iniciativa para la Paz Global, la Sra. Dena Merriam, y el Secretario General de la Cumbre del Milenio para una Paz Mundial, Mr. Bawa Jain, la estaban esperando en el vestíbulo para recibirla. Ellos acompañaron a Amma para que conociera a los representantes del Grupo Ruder Finn y a una compañía americana de documentales televisivos, One Voice International,

Prefacio

quienes inmediatamente requirieron a Amma para hacerle una entrevista.

"Si existe una vía para la paz global, ¿cuál es?" Esta pregunta fue formulada por el Grupo Ruder Finn.

Amma sonrió y dijo: "Es muy sencillo. Primero, el cambio tiene que ocurrir dentro y, entonces, el mundo cambiará automáticamente, y la paz prevalecerá."

Pregunta: "¿Qué clase de cambio?"

Amma: "Los cambios que surgen al absorber los principios espirituales."

A continuación, One Voice International le preguntó a Amma: "¿Qué se puede hacer para cambiar la mentalidad de los hombres y de la sociedad en general, que consideran a la mujer como subordinada?"

"La mujer debería vivir firmemente la maternidad, que es intrínseca en ella" La respuesta de Amma fue muy natural.

Pregunta: "Está diciendo Amma que la mujer no debería aventurarse en otras esferas sociales?"

Amma: "No, Amma está diciendo que la mujer debería aventurarse en todas las esferas sociales. Pero, en todo lo que emprenda, debería mantener una fe firme en el poder de la maternidad. Toda acción que carezca de este sentimiento, en cualquier esfera, no ayudará al progreso de la mujer, sino al contrario, la debilitará.

Amma estaba, en este punto, prefigurando el discurso que llevaría a cabo al día siguiente en el Palacio de las Naciones. Allí, explicaría que "la maternidad" es una cualidad que los hombres y mujeres pueden (incluso, deben) desarrollar de la misma forma:

> El amor del despertar de la maternidad es un amor y compasión sentidas no solo hacia los propios hijos, sino hacia todas las personas, animales, y plantas, piedras y ríos – un amor extendido a toda la naturaleza, a todos los seres. En verdad, para una mujer en que el estado de la maternidad verdadera se ha despertado, todas las criaturas son sus hijos. Y este amor, esta maternidad es Amor Divino - y eso es Dios-.

La entrevista continuó:

Pregunta: "¿Cuál es la opinión de Amma respecto a la actitud de los hombres, en general?"

Amma: "Ellos también son los hijos de Amma. Pero, incluso ahora, les resulta difícil

Prefacio

interiorizar el respeto y reconocimiento que deberían exteriorizar hacia la esposa, madre o hermana. Por lo general, creen más en el poder de los músculos."

Esta Iniciativa Global para la paz tuvo lugar apenas una año después de los devastadores actos terroristas del 11 de Septiembre. El primer evento de la tarde se preparó recordando esos terribles momentos. La Sra. Debra Olsen de One Voice International, le presentó a Amma a una mujer bombero con estas palabras: "Esta es Jennifer. Ha venido de Nueva York. Estuvo extinguiendo el fuego el día en que los terroristas atacaron las Torres Gemelas. Aún no se ha recuperado del impacto de aquel desastre. Amma podría bendecirla."

Quizás Amma estaba pensando en los miles de inocentes que murieron aquel día, pues sus ojos y su rostro reflejaban claramente el sufrimiento. Mientras Amma abrazaba cariñosamente a Jennifer y le secaba las lágrimas, brotaron también unas lágrimas de los ojos de Amma. Ante esta conmovedora escena, muchos de los allí presentes empezaron a llorar.

Jennifer había traído algo extraño procedente del World Trade Center, conocido ahora como

"Zona Cero." Resultó ser un guijarro de cemento y una llave, fundidas en el infierno del fuego devastador. Mientras se los mostraba a Amma, dijo: "No sé por qué los he traído, pero sentí que necesitaba traer el dolor conmigo. Y confiaba en que regresaría con sentimientos diferentes. He venido aquí con tanta cólera, esperando encontrar algo de paz en mi corazón." Tras estas palabras, ofreció a Amma los terribles recuerdos. Amma los recibió respetuosamente y, acercándolos a su rostro, los besó.

Debra Olsen luego le preguntó a Amma: "Jennifer no cree en Dios ni en ninguna religión. Pero siente compasión y amor hacia los que sufren. ¿Es necesario que rece a algún Dios?"

Amma contestó: "Dios es amor y compasión hacia los que sufren. Si uno tiene un sentimiento así, no hay necesidad de rezar a Dios."

Le hicieron otras muchas preguntas. De los labios de Amma fluyeron respuestas sencillas y bellas.

Cuando acabó la entrevista con Jennifer, la famosa actriz de Hollywood Linda Evans se acercó a Amma. Estaba encantada de ver a Amma. "He oído hablar mucho de ti. Y sólo ahora me

Prefacio

ha sido posible encontrarme contigo. ¡Qué gran bendición!", dijo Linda.

Estuvo un tiempo mirando a Amma. Después, Linda le preguntó: "¿Cuál es el propósito de la maternidad divina?"

Amma: "Es generar una actitud de la mente, una actitud de apertura y expansión."

Linda: "¿Cómo podemos conseguirlo?"

Amma: "No es diferente de nosotros. Ni es algo que debe ser adquirido afuera. Ese poder esta dentro. Cuando te das cuenta de eso, la maternidad universal se despertará en ti de forma espontánea."

En aquel momento, Amma fue acompañada a otra habitación donde iba a conocer a la que obtuvo el premio Gandhi-King el año anterior, y la que le entregaría el premio a Amma la mañana siguiente: la famosa especialista en primates, la Dra. Jane Goodall. Hubo una conexión inmediata y profunda entre las dos. Parecía como si la Dra. Goodall no tuviera suficiente a pesar de los muchos abrazos que recibía de Amma, y le dijo: "Eres tan dulce, que no se puede expresar con palabras." Tras una pausa, añadió: "Tampoco es comparable con nada."

La Dra. Goodall, que pasó 20 años en la jungla africana con animales, principalmente chimpancés, para estudiar y entender sus mentes, le preguntó a Amma: "Crees que los animales pueden comprender el corazón de los seres humanos y responderles?."

Amma: "Ciertamente, los animales pueden comprender el corazón humano y actuar en consecuencia, quizás incluso mejor que los mismos humanos. Amma lo ha experimentado personalmente."

Entonces, Amma compartió con la Dra. Goodall sus experiencias durante los años que pasó viviendo, en plena naturaleza, junto a los animales. Amma recordó al perro que le traía paquetes de comida, al águila que le dejaba algún pescado en su regazo, la vaca que salía del establo y se paraba a su lado para que bebiera directamente de sus ubres, el loro que había llorado cuando Ella, bañada en lágrimas, cantaba bhajans, y las palomas que habían danzado ante Amma mientras cantaba.

Después de la conversación con la Dra. Goodall, Amma se entrevistó y abrazó a la gente que había en la habitación: Bawa Jain, Dena Merriam, la princesa camboyana Ratna Devi Noordam y

Prefacio

la reverenda Joan Campbell, co-presidenta de la plataforma Iniciativa para una Paz Global. Era ya la hora de unirse a la sesión de oración que se desarrollaría en el auditorio del hotel.

Después de la plegaria y el recitado de shanti (paz) y los mantras, se dirigieron los delegados y otros participantes hacia el English Garden Lake Park, situado en el centro de Ginebra, donde aquel día finalizaba la sesión programada.

Amma dirigió la plegaria por la paz mundial, recitando tres veces: "Lokah Samastah Sukhino Bhavantu". ("Que todos los seres de todos los mundos sean felices"). Todos repitieron el mantra después de recitarlo Amma. Antes de que las olas de paz del mantra se extinguieran, Amma empezó la meditación "Ma-Om", guiando y dirigiendo a los delegados durante diez minutos. Cuando Amma finalizó la plegaria junto al Shankaracharya, Sri Nirvanashtakam, los delegados de diversas naciones pudieron sentir, en su interior, los latidos de aquella poderosa bendición de paz.

El segundo acontecimiento importante del día fue la reunión de todos los participantes a la conferencia en el English Garden Lake Park. A su llegada, Amma fue conducida al podium. En su mensaje de paz, Amma dijo: "Lo que todos necesitan es paz. Pero la mayoría quiere ser Rey. Nadie quiere ser un sirviente. ¿Cómo va a haber paz, entonces? ¿No habrá entonces solo guerras y conflictos? El auténtico sirviente es el verdadero rey. ¿Acaso no es blanca la leche, tanto si es de una vaca negra, blanca o parda? De igual modo, la esencia de todas las personas es la misma. La paz y la alegría interior son iguales para todos. Los que la deseen deberían trabajar juntos."

Cuando Amma y los otros delegados de la Iniciativa para la Paz terminaron sus charlas, todos cantaron al unísono: "No queremos la guerra, no queremos la delincuencia, solo queremos la paz." Como símbolo de la luz de paz que elimina la oscuridad de la guerra y los conflictos, los delegados encendieron velas y las sostuvieron en alto. Levantando sus velas, los participantes, los conferenciantes y los miembros de la audiencia se unieron para componer una formación en la que podía leerse la palabra paz: "P-E-A-C-E." Hubo tanta gente que quiso estar cerca de Amma, que los fotógrafos (situados en un tejado cercano) decidieron añadir un signo de exclamación a la palabra "PAZ", dado que Amma y el grupo que la rodeaba formaron un punto de forma espontánea!.

Prefacio

El día siguiente era el siete de octubre, día de la sesión principal de esta Iniciativa. Cuando Amma llegó a la sala de la asamblea de las Naciones Unidas a las 9 de la mañana. Bawa Jain y Dena Merriam acudieron a recibir a Amma. La sala estaba abarrotada de preceptores y guías espirituales de varias religiones.

Uno tras otro hablaron de la libertad de la mujer y de cómo hacer frente a los problemas sociales de la mujer. Las profundas limitaciones a las que se fuerza a la mujer, así como algunas soluciones y consejos, fueron analizadas con una gran madurez, sin críticas innecesarias ni tendencias egoístas, que tan frecuentemente emergen en algunos eventos.

Una mujer y su maternidad no son distintas, forman una unidad. Así se constató, gracias al sentimiento de claridad y honestidad que dominaba el ambiente. Conviene resaltar la humildad de los organizadores, así como la precisión horaria con la que se desarrolló el programa.

A las 11 de la mañana, mujeres guías espirituales y religiosas, procedentes de Filipinas, Tailandia, Israel, China, Afganistán y Ruanda hablaron breve, pero apasionadamente sobre "La mujer y su contribución a la paz mundial."

A continuación, la Sra. Susan Deihim, de Irán, expresó la sed mundial de paz a través de una canción.

A las 11,20 de la mañana, Dena Merriam subió al podium. Miró a la audiencia, sonrió y dijo: "A continuación va a tener lugar la ceremonia más importante de este encuentro: la presentación del premio "Gandhi-King a la No-violencia" de este año. Respetuosamente pido a Sri Mata Amritanandamayi Devi que se acerque al estrado para recibir el premio.

La audiencia aplaudió clamorosamente y se puso de pie para ovacionarla, mientras Amma, con su característica humildad y sencillez, se levanto de su asiento, caminó hacia el escenario, y se dirigió hacia los dignatarios que la estaban esperando, con las manos unidas junto al pecho a la manera tradicional hindú como gesto de respeto y reverencia hacia la divinidad que hay en todos.

El Comisionado de Naciones Unidas para los Derechos Humanos, su Excelencia Sergio Vieira de Mello, saludó a Amma tras serle presentada por Bawa Jain. En su estilo habitual, Amma lo abrazó afectuosamente y le besó la mano. El

Prefacio

Comisionado respondió a este gesto besando las dos manos de Amma.

Durante los siguientes minutos, Bawa Jain dirigió la asamblea recordando a los anteriores ganadores del premio Gandhi-King: Kofi Annan (en el año 1999), Nelson Mandela (en el 2000) y Jane Goodall (en el 2001). A continuación invitó a la Dra. Goodall para que presentara a Amma a la asamblea y le presentara el galardón. La Dra. Goodall hablo desde el corazón:

> Me siento muy honrada de compartir el estrado con esta mujer tan extraordinaria, y que es la encarnación misma de la bondad. Ella ha tenido una vida singular. Tuvo que hacer frente a la tradición desde el principio. Nacida en una familia pobre, con una piel más oscura que la de sus hermanos, no fue tratada bien por su familia; fue tratada como una sirvienta. Pero empezó a sentir la presencia de Dios en su interior, y fue tan fuerte esa presencia, que quiso extender la mano y compartir su buena fortuna con los que eran menos afortunados. Y desafiando de nuevo la tradición, empezó a abrazar a todos los que lo necesitaban, a pesar que las mujeres no debían tocar a extraños. Y ha consolado con su maravilloso abrazo, que yo

experimenté ayer, a más de 21 millones de personas, imaginad ia 21 millones de personas! (aplausos). Pero además, ella ha creado una amplia red de organizaciones caritativas, que abarcan desde escuelas a hospitales, orfanatos y construcción de viviendas para pobres. Demasiadas para mencionarlas aquí. Y finalmente, desafiando de nuevo la tradición, ha sido la primera guía espiritual en nombrar mujeres como sacerdotisas de templos tradicionales. Ella cree que Dios no hace discriminación entre sexos, y yo creo que ella está aquí frente a nosotros, el amor de Dios en forma humana.

Cuando la Dra.Goodall procedió a presentar el premio 2002 Gandhi King a Amma, hubo una tremenda efusión de emoción.. Los delegados se pusieron en pie aplaudiendo y ovacionando. Cuando terminaron los aplausos, Bawa Jain invitó a Amma para que hablara sobre el tema "El poder de la Maternidad". Amma eligió primero decir unas palabras de reconocimiento sobre el premio a la no-violencia que acababa de recibir. Empezó su alocución reconociendo la labor de Mahatma Gandhi y Martin Luther King, Jr., diciendo que estos dos abogados de la paz habían conseguido

Prefacio

grandes éxitos por la pureza de sus corazones y la fuerza del apoyo popular. Amma habló de esos que se esfuerzan por la paz mundial y el contento de todos, diciendo que es ese tipo de personas las que se merecen el premio, y que ella lo aceptaba en nombre de todos ellos. Amma también rogó para que aquellos que trabajan por la paz mundial fueran bendecidos con más fuerza y coraje.

Amma recordó a los delegados:

Mahatma Gandhi y el Reverendo Martín Luther King soñaron con un mundo en el que los seres humanos fueran reconocidos y amados como seres humanos, sin prejuicios de ningún tipo. Recordándoles, Amma nos ofrece su visión de futuro. Es una visión del mundo en el cual las mujeres y los hombres progresan juntos, un mundo en el cual los hombres respetan el hecho de que, como las dos alas de un pájaro, las mujeres y los hombres son de igual valía. Porque sin que estén los dos en perfecto equilibrio, la humanidad no puede progresar.

Con estas palabras, Amma paso a las claves de su discurso:

A los ojos de Amma, mujeres y hombres son iguales. Amma desea expresar, honestamente, su punto de vista sobre esta cuestión. Sus planteamientos no son necesariamente aplicables a todos, pero sí a la mayoría de la gente. En la actualidad, la mayoría de las mujeres están dormidas. ¡Las mujeres tienen que despertar y levantarse! El despertar de este poder dormido de las mujeres es una de las necesidades más urgentes de esta época.

Verdades fundamentales fluyeron desde Amma durante los siguientes 20 minutos. La naturaleza interna y externa de la mujer; la profundidad, el alcance y las limitaciones auto-impuestas de su mente; la manera en que las realidades culturales y ciertas actitudes la han oprimido; el infinito poder latente en su interior... Mientras Amma trataba sobre estas cuestiones con convincente claridad y profundidad, la asamblea escuchaba con un silencio reflexivo y atento. En aquellos momentos, era bien palpable el absoluto poder de las palabras de Amma y la presencia de su maternidad universal.

Hacia el final del discurso, Amma había dejado claro que esta "maternidad universal" era una cualidad que la gente debía buscar desarrollar – tanto hombres como mujeres:

Prefacio

La esencia de la maternidad no está restringida a las mujeres que han dado a luz, es un principio inherente tanto en las mujeres como en los hombres. Es una actitud de la mente. Es amor, y ese amor es la respiración misma de la vida. Nadie diría: "Respiraré solo en presencia de mi familia y amigos, y no respiraré ante mis enemigos." De igual manera, en aquellos en los que se ha despertado la maternidad, el amor y la compasión hacia los demás forman parte de su propio ser, como el mismo respirar. Amma siente que en los tiempos que se avecinan, habrá que hacer un esfuerzo para despertar el poder curativo de la maternidad. Esa es la única vía para realizar nuestro sueño de paz y armonía para todos.

Cuando Amma concluyó su discurso, los miembros de la asamblea se levantaron espontáneamente para aplaudir con gran fuerza.

Al terminar la sesión, un buen número de participantes se dirigió rápidamente hacia la gran maravilla que es Amma, para mirarla, encontrarse con ella y recibir su darshan. Al mismo tiempo, en otra parte del sala, se formó un gran revuelo para conseguir una copia del discurso de Amma.

En medio de todo esto, Bawa Jain se acercó a Amma para pedirle que se hiciera unas fotos con los otros delegados. La gente empezó a dirigirse allí hacia donde ella se encaminaba, como abejas detrás de la abeja reina. El Sr. Jain tuvo dificultades para acercarse a Amma a través de la gran multitud que la rodeaba. Finalmente, dijo a los que estaban alrededor: "¡Eh, que Ella también es mi Madre! ¡Dadme una oportunidad!"

Acompañada por la Reverenda Joan Campbell, la Dra. Goodall, la princesa Ratna Devi Noordam, Bawa Jain y Dena Merriam, Amma abandonó la sala y se dirigió al exterior. En la terraza, frente a la sala, la co-presidenta de la Iniciativa para la Paz Global de Mujeres Guías Espirituales y Religiosas, la Dra. Saloha Mamad Abdin, una mujer paquistaní, aguardaba conocer a Amma. Tan pronto como vio a Amma, la Dra. Abedin, una erudita islámica y socialista, se acercó a Amma y le expresó su gratitud. Amma la abrazó con gran amor. Mientras apoyaba su cabeza en los hombros de Amma, la Dra. Abedin dijo suavemente: "Es una gran bendición que estés hoy aquí con nosotros."

Prefacio

Tras la sesión de fotos, la Corporación Cristiana de Televisión pidió entrevistar a Amma.

Pregunta: "Amma recibe a la gente abrazándola. ¿Puede este abrazo ayudar a que consigan paz?"

Amma: "No es un mero abrazo, sino uno que despierta los principios espirituales. Nuestra esencia es amor. ¿Acaso no vivimos para amar? Donde hay amor, no hay conflicto, sólo paz."

Pregunta: "Amma tiene muchos seguidores en todo el mundo. ¿Todos la adoran?"

Amma: "Amma los adora a todos. Ellos son mi Dios. Amma no tiene un Dios con una morada en lo alto del cielo. Mi Dios sois todos vosotros, todo lo que se ve. Amma ama a todos y a todas las cosas; y ellos me aman de igual manera. El amor fluye en las dos direcciones. Ahí, no hay dualidad, sólo unidad, puro amor."

En realidad, este es el secreto de este gran ser que atrae a todo el mundo hacia Ella. Es la incesante corriente del río del amor – el poder de una indescriptible maternidad universal.

Swami Amritaswarupananda
Amritapuri, Kerala, India

Iniciativa por la paz global de mujeres guías espirituales y religiosas

*Palacio de las Naciones, Ginebra.
7 de Octubre de 2002*

« Este premio fue instituido para recordar a dos grandes personalidades: Mahatma Gandhi y al Reverendo Martín Luther King. En esta ocasión, la plegaria de Amma va dirigida a todos aquellos que rezan y trabajan por la paz en todo el mundo, con el fin de que logren más fuerza e inspiración y hacer que cada día sean más las personas que trabajen por la paz mundial. Amma recibe este premio en nombre de todos ellos. La vida de Amma ha sido ofrecida al mundo y, por tanto, ella no tiene nada que objetar »
– Amma

Discurso de Aceptación

Pronunciado una vez recibido el Premio 2002 Gandhi-King por la No-violencia.

Amma se inclina ante todos vosotros, que sois ciertamente la encarnación del amor supremo y de la pura conciencia.

Este premio fue instituido para recordar a dos grandes personalidades: Mahatma Gandhi y al Reverendo Martín Luther King. En esta ocasión, la plegaria de Amma va dirigida a todos aquellos que rezan y trabajan por la paz en todo el mundo, con el fin de que logren más fuerza e inspiración y hacer que cada día sean más las personas que trabajan por la paz mundial. Amma recibe este premio en nombre de todos ellos. La vida de Amma ha sido ofrecida al mundo y, por tanto, ella no tiene nada que objetar.

Tanto Mahatma Gandhi como el Reverendo Martín Luther King soñaron con un mundo en el que todos los seres humanos fueran valorados y amados como seres humanos, sin ningún tipo de prejuicio. Al recordarlos, Amma desea expresar su visión de futuro ante vosotros.

El Despertar de la Maternidad Universal

Amma también tiene un sueño. Es una visión del mundo en el que mujeres y hombres progresan juntos, un mundo en el que todos los hombres respeten el hecho de que, al igual que las dos alas de un pájaro, las mujeres y los hombres poseen igual valor. La humanidad no podrá progresar sin un perfecto equilibrio entre los dos.

El Dr. King tenía el coraje de un león, aunque su corazón era tan suave como una flor. Arriesgó su vida por amor, igualdad y otras nobles ideas que él promovió. Tuvo que luchar con gran perseverancia contra la gente de su propio país.

Discurso de Aceptación

Y Mahatma Gandhi no se limitó a predicar. Puso sus palabras en acción. Dedicó toda su vida a defender la paz y la no-violencia. Aunque hubiera podido ser primer ministro o presidente de la India, Gandhi no aceptó estos cargos porque no tenía ningún deseo de fama o de poder. De hecho, cuando sonaban las campanas de medianoche que anunciaban la independencia de la India, Gandhi se encontraba consolando a las víctimas de una zona afectada por disturbios.

Resulta fácil despertar a alguien que duerme. Basta con darle una o dos sacudidas. Pero a una persona que simula dormir le puedes dar mil sacudidas y no reaccionará. La mayoría pertenece a esta última categoría. Ha llegado la hora que todos nosotros despertemos. Mientras no se suavicen en el ser humano las más bajas tendencias animales, no se logrará nuestra visión para el futuro de la humanidad y la paz seguirá siendo un sueño distante.

Consigamos el coraje y la perseverancia, que proceden de la práctica espiritual, para realizar este sueño. Para que esto suceda, cada uno de nosotros necesita descubrir y hacer surgir la luz de nuestras cualidades innatas de fe, amor, paciencia y el auto-sacrificio para el bien de todos. Esto es lo que Amma denomina auténtica maternidad.

Discurso Principal

El despertar de la Maternidad Universal

Discurso pronunciado por
Sri Mata Amritanandamayi

con motivo de una
Iniciativa por la Paz Global de
Mujeres Guías Espirituales y Religiosas

Palacio de las Naciones, Ginebra
7 de Octubre de 2002

Amma se inclina ante todos vosotros, que sois ciertamente la encarnación del amor supremo y de la pura conciencia.

A los ojos de Amma, las mujeres y los hombres son iguales. Amma desea expresar sinceramente su punto de vista sobre este tema en particular. Estas observaciones no son necesariamente aplicables a todo el mundo, pero sí pueden servir para una gran mayoría.

En la actualidad, son muchas las mujeres que están dormidas. ¡Deben despertar y levantarse! Esta es una de las necesidades más apremiantes de este momento. No sólo deben despertar las mujeres que viven en países en vías de desarrollo, sino también las mujeres de cualquier parte del mundo. Las mujeres en los países donde el materialismo es predominante deberían despertar a la espiritualidad[1] Y las mujeres en aquellos países en los que se las fuerza a permanecer en los limitados muros de la tradición religiosa, deberían despertar al pensamiento moderno. Se ha generalizado la idea de que las mujeres y la cultura de su entorno,

---

[1] La espiritualidad a la que Amma se refiere no es la de adorar a un Dios sentado en algún lugar del cielo, más allá de las nubes. La auténtica espiritualidad implica conocernos a nosotros mismos y realizar el infinito Poder que hay en nuestro interior. La espiritualidad y la vida no son dos entidades separadas, sino una sola. La verdadera espiritualidad nos enseña a vivir en el mundo. La ciencia material nos enseña a "acondicionar" el mundo externo, mientras que la ciencia espiritual nos enseña a "acondicionar" nuestra mente interna.

despertarían gracias a la educación y al desarrollo material. Pero el tiempo nos ha demostrado que se trata de una visión muy limitada. Sólo cuando las mujeres puedan asimilar la sabiduría eterna de la espiritualidad, además de recibir una educación moderna, se despertará en ellas el poder innato que poseen y se alzarán para actuar.

¿Quién debe despertar a la mujer? ¿Qué dificulta su despertar? De hecho, no hay fuerza externa que pueda obstaculizar el desarrollo de su cualidad maternal innata, u otras cualidades como el amor, la empatía y la paciencia. Es ella, y sólo ella, la que debe despertarse. Sólo se lo impide su propia mente.

En la mayoría de los países, siguen prevaleciendo las normas y las creencias supersticiosas que degradan a la mujer. Las primitivas costumbres, inventadas por los hombres en el pasado para explotar y subyugar a la mujer, permanecen todavía vivas hoy en día. La mujer y su mente se han quedado atrapadas en la tela de araña de estas costumbres. La mujer vive hipnotizada por su propia mente y, si desea liberarse de este campo magnético, tiene que hacerlo ella misma. Este es el único camino.

Observa a un elefante. Puede arrancar de raíz un enorme árbol y levantarlo con su trompa. Cuando es pequeño y vive en cautiverio, se le ata a un árbol con fuertes cuerdas o con cadenas. Pero como su naturaleza es la de vivir libremente, el pequeño elefante trata instintivamente, con toda su fuerza de liberarse. Pero no es lo suficientemente fuerte para lograrlo. Al ver que sus esfuerzos resultan vanos, abandona la lucha. Más tarde, cuando crece y es adulto, puede ser atado a un pequeño árbol con una cuerda fina. Podría liberarse fácilmente si quisiera, pero como su mente está condicionada por la experiencia anterior, no hace ni el más mínimo esfuerzo.

Esto es lo que le está sucediendo a la mujer.

La sociedad no permite que emerja la fuerza de la mujer. Hemos creado un obstáculo que impide que fluya hacia afuera esa gran fortaleza.

Tanto la mujer como el hombre poseen un mismo potencial, inherente e infinito. Si la mujer realmente se lo propusiera, no le sería difícil romper las ataduras -las reglas y los condicionamientos que la sociedad le ha impuesto-. La gran fortaleza de la mujer está en su maternidad innata, en su poder de crear, de dar vida. Y este poder puede ayudarle a plasmar un cambio en la sociedad mucho más significativo del que pudieran realizar los hombres.

Las ideas anticuadas y paralizantes que se asentaron en el pasado, impiden que la mujer alcance altas cotas espirituales. Estas son las sombras que aún persiguen a la mujer, generando miedo e inseguridad en su interior. La mujer debería abandonar su miedo y desconfianza – ya que son simples ilusiones. Las limitaciones que la mujer piensa que tiene, no son reales. La mujer necesita reunir el coraje suficiente para superar esas limitaciones imaginarias. En realidad, ya poseen ese poder, ¡se encuentra aquí mismo! Y cuando ese poder se despierte, nadie podrá detener su marcha hacia delante, en todos los ámbitos de la vida.

Los hombres, normalmente, creen en el poder de la fuerza. A nivel superficial, ven a las mujeres como madres, esposas o hermanas. Pero no podemos ocultar que, a un nivel más profundo, los hombres aún muestran una gran resistencia cuando se trata de entender, aceptar y reconocer adecuadamente a la mujer y el aspecto femenino de la vida.

Amma recuerda una historia. En una aldea vivía una mujer que era muy espiritual y se sentía inmensamente feliz por ayudar a los demás. Los líderes religiosos de la aldea la nombraron sacerdotisa. Pero como era la primera mujer sacerdotisa de toda la región, a muchos sacerdotes no les gustó nada la idea de su nombramiento. Algunos sacerdotes sintieron celos por la gran compasión, humildad y sabiduría que muchos aldeanos apreciaban en ella.

Un día, se celebró un encuentro religioso en una isla de la región y fueron invitados todos los sacerdotes. La isla se encontraba a tres horas en barca desde la aldea. Cuando subieron a la barca, los sacerdotes descubrieron consternados que la sacerdotisa ya se encontraba a bordo. Susurraron entre ellos: ¡Qué desdicha, ni siquiera en esta ocasión nos deja solos! La barca arrancó, pero no había transcurrido ni una hora, cuando el motor se paró y la barca se detuvo. El capitán exclamó: "¡Oh, no! ¡Estamos perdidos, me olvidé de llenar el depósito!" Nadie supo qué hacer. No había ninguna otra barca a la vista. En ese momento, la sacerdotisa se levantó y dijo: "No os preocupéis hermanos, iré en busca de gasolina." Dicho y hecho, saltó del bote y caminó sobre las aguas. Los sacerdotes se quedaron asombrados, pero no tardaron en remarcar: "¡Mírenla, si ni siquiera sabe nadar!"

Esta es, en general, la actitud de los hombres. Forma parte de su naturaleza el infravalorar y condenar los logros de la mujer. Las mujeres no son objetos decorativos, destinados a ser controlados por los hombres. Los hombres tratan a las mujeres como si fueran plantas de maceta, impidiendo el pleno crecimiento de su potencial.

La mujer no ha sido creada para el disfrute del hombre, ni para que sirva el té a los invitados. Los hombres utilizan a las mujeres como si fueran cintas de cassete, les gusta que actúen según sus caprichos y fantasías, como si estuvieran presionando las teclas de puesta en marcha o parada.

Los hombres se consideran a sí mismos superiores a las mujeres, tanto física como intelectualmente. Resulta evidente la arrogancia de su concepción errónea sobre la mujer, pues en todo lo que hacen sostienen la idea de que las mujeres no pueden sobrevivir en la sociedad sin la dependencia de los hombres.

Si el carácter de una mujer se considera imperfecto aunque sea una víctima inocente, será rechazada socialmente y, a menudo, incluso por su propia familia. En cambio, el hombre puede ser tan inmoral como le plazca y salir airoso, ya que raramente se cuestiona su actuación.

Incluso en países desarrollados, la mujer queda relegada a un segundo plano cuando trata de compartir poder político con los hombres. Resulta interesante constatar como, en este terreno, algunos países en vías de desarrollo están comparativamente mucho más adelantados en proporcionar oportunidades para que la mujer ascienda en política. Y sin embargo, ¿cuántas mujeres reconocidas actúan en la arena de la política mundial? Se podrían contar con los dedos de una mano. ¿Acaso es debido a la incompetencia de la mujer o se debe a la arrogancia del hombre?

Las circunstancias adecuadas y el apoyo de otros ayudarán, con seguridad, a que la mujer se despierte y se levante. Pero no basta con eso. Son ellas las que deberían sacar inspiración de estas circunstancias y encontrar la fortaleza en su interior. El verdadero poder y la fuerza no proceden del exterior, sino del interior mismo.

Las mujeres tienen que hallar su propio coraje. El coraje es un atributo de la mente, y no una cualidad del cuerpo. Ellas tienen la fuerza necesaria para combatir las reglas sociales que impiden su progreso. Esta es la experiencia personal de Amma. A pesar de que en la India ha habido muchos cambios, aún se puede observar la supremacía del hombre. Incluso, hoy en día, la mujer sigue siendo explotada en nombre de determinadas convenciones religiosas y de la tradición. También en la India se están despertando las mujeres y dando pasos hacia adelante. Hasta hace muy poco, no se les permitía venerar a Dios en el santuario interior de los templos, ni podían consagrar un templo o realizar rituales védicos. Ni siquiera tenían la libertad de recitar mantras védicos. Pero Amma está impulsando el coraje de la mujer y las designa para que realicen esas tareas. También es Amma la que realiza la ceremonia de consagración en todos los templos construidos por nuestro ashram. Fueron muchos los que se opusieron a que las mujeres realizaran estos rituales ya que, durante generaciones, habían sido los hombres los únicos que podían hacer este tipo de ceremonias. A los que cuestionaron lo que hacíamos, Amma les explicó que veneramos a un Dios que está más allá de toda discriminación, que no diferencia entre masculino y femenino. Al final, la mayoría de la gente ha apoyado este cambio revolucionario, ya que estas prohibiciones impuestas a las mujeres nunca formaron parte de la antigua tradición hindú. Con toda probabilidad, estas reglas se establecieron más tarde por hombres que pertenecían a una clase social privilegiada, con el fin de explotar y oprimir a la mujer. No existían en la India antigua.

En aquella época, las palabras sánscritas que utilizaba el marido para referirse a su esposa eran Pathni, (la que guía al esposo a través de la vida) Dharmapathni, (la que guía a su esposo por la senda del dharma, lo recto, la responsabilidad), y sahadharmacharin (la que avanza conjuntamente con su esposo por la senda del dharma). El empleo de estos términos implica que las mujeres gozaban del mismo status que el hombre o quizás, incluso, de uno más elevado. La vida conyugal era considerada sagrada, y si se vivía con la correcta actitud y comprensión, apoyándose mutuamente, podía llevarles a alcanzar, tanto al marido como a la mujer, a la meta final de la vida: la Auto-Realización o la Realización de Dios.

En la India, nunca ha sido venerado el Ser Supremo exclusivamente en su forma masculina. También es venerado como Diosa, bajo distintos aspectos. Por ejemplo, es venerada como Saraswati, la Diosa del aprendizaje y la sabiduría. Es adorada como Lakshmi, la Diosa de la prosperidad, así como Santana Lakshmi, la Diosa que brinda nueva vida en el seno mismo de la mujer. También se venera bajo la forma de Durga, la Diosa del poder y la fuerza. Hubo una época en la que el hombre adoraba a la mujer como la manifestación misma de estas cualidades. La mujer era considerada una prolongación de la Diosa, una manifestación de sus atributos en la tierra. Y luego, en algún momento, por la influencia egoísta de ciertos hombres influyentes con deseos de poder y dominio sobre todas las cosas, se desvirtuó esta profunda verdad y quedó apartada de nuestra cultura. Y así fue como la gente se olvidó o ignoró la profunda conexión entre la mujer y la Madre Divina.

Normalmente, se tiende a pensar que la religión que concede a la mujer un menor status social es el Islam. Sin embargo, el Corán habla de cualidades como la compasión y la sabiduría, además de utilizar términos femeninos para referirse a la naturaleza esencial de Dios.

En el cristianismo, el Ser Supremo es adorado exclusivamente como el Padre en el cielo, el Hijo y el Espíritu Santo. El aspecto femenino de Dios no está tan ampliamente reconocido. Cristo consideró iguales a los hombres y a las mujeres.

Para que pudieran nacer Cristo, Krishna y Buda, fue necesaria una mujer. Para poder encarnarse, Dios necesitó de una mujer que sobrellevase todos los dolores y las dificultades durante el embarazo y el nacimiento. El hombre no era capaz de esto. Sin embargo, nadie considera injusto que la mujer sea gobernada por el hombre. Ninguna religión auténtica menosprecia a la mujer o habla despectivamente de ella.

Para los que han realizado a Dios, no hay diferencia entre masculino y femenino, ya que tienen una visión igualitaria. Si en algún lugar de este planeta existen reglas que impiden a la mujer gozar de su genuino derecho a la libertad, o normas que obstaculizan su avance y progreso social, éstas no proceden de los mandamientos de Dios, sino que han nacido del egoísmo de los hombres.

¿Qué ojo es más importante? ¿El derecho o el izquierdo? Ambos son igual de importantes. Lo mismo sucede con el status social del hombre y la mujer. Ambos deberían adquirir conciencia de sus incomparables responsabilidades sociales o dharma. Los hombres y las mujeres tendrían que apoyarse mutuamente. Sólo de esta manera es posible mantener la armonía en el mundo. Cuando las potencialidades de ambos se complementen y se muevan en la misma dirección, cooperando y respetándose mutuamente, entonces lograrán, tanto hombres como mujeres, la perfección.

En realidad, el hombre es una parte de la mujer. Cada niño se encuentra primero en el útero de la madre, como parte misma del ser de la mujer. Respecto a un nacimiento, el único papel que desempeña el hombre es el de ofrecer su semilla. Para él constituye solo un momento de placer, pero para la mujer son nueve meses de austeridad. Es la mujer la que recibe, concibe y hace de esa vida una parte de su propio ser. Ella crea la atmósfera más propicia para que esa vida se desarrolle en su interior y luego le da el nacimiento a esa vida. Las mujeres son esencialmente madres, las creadoras de vida. Cada hombre aspira en secreto a ser nuevamente abrazado en el seno del amor incondicional de la madre. Esa es una de las razones sutiles de la atracción que el hombre siente por la mujer, pues el hombre ha nacido de una mujer.

Nadie puede cuestionar la realidad de la maternidad, el que el hombre haya sido creado por la mujer. Este hecho nunca lo podrán comprender aquellos que se niegan a salir del limitado reducto de sus mentes. No se puede explicar la luz a aquellos que sólo conocen la oscuridad.

El principio de la maternidad es tan inmenso y poderoso como el mismo universo. Con el poder de la maternidad dentro de ella, la mujer puede influir en el mundo entero.

¿Es Dios un hombre o una mujer? La respuesta a esta pregunta es que Dios no es ni masculino ni femenino. Dios es "Eso". Pero si insistimos en que Dios debe tener un género, entonces concluiremos que es más femenino que masculino, pues lo masculino está contenido en lo femenino.

Cualquier persona, ya sea hombre o mujer, que tenga suficiente coraje para superar las limitaciones de la mente, puede alcanzar el estado de maternidad universal. El amor de la maternidad despertada, es un amor y compasión que se siente, no sólo hacia los propios hijos, sino hacia todas las personas, animales, plantas, rocas y ríos – un amor que se extiende a toda la naturaleza, a todos los seres-. De hecho, cuando se despierta en una mujer el estado de verdadera maternidad, considera a todas las criaturas sus hijos. Este amor, esta maternidad, es Amor Divino, y eso es Dios.

Más de la mitad de la población mundial son mujeres. Constituye una gran pérdida el que se le niegue la libertad de desarrollo a la mujer, o se le niegue el elevado status social que le corresponde. Cuando a la mujer se le niega esto, es toda la sociedad la que pierde su contribución potencial.

Cuando a la mujer se la debilita gradualmente, sus hijos se ven afectados, tornándose débiles. De esa manera, toda una generación pierde su fuerza y vitalidad. Sólo podremos crear un mundo de luz y de conciencia cuando las mujeres reciban el honor que se merecen.

Las mujeres pueden realizar todas las tareas al igual que los hombres, quizás incluso mejor. Las mujeres poseen la fuerza de voluntad y la energía creativa que les permite desarrollar cualquier tipo de actividad. Amma puede afirmarlo por propia experiencia. Las mujeres pueden alcanzar metas extraordinarias en toda actividad que desarrollen, y esto es especialmente cierto en el sendero espiritual. Las mujeres tienen la pureza mental y la capacidad intelectual necesarias para lograrlo. Pero, todo aquello que se propongan tiene que ser, en sus inicios, positivo. Si el inicio es bueno, su proceso y resultado final, también lo serán automáticamente. No obstante, se necesita paciencia, fe y amor. Los inicios erróneos, basados en fundamentos defectuosos, constituyen la causa de que la mujer pierda tanto en la vida. No se trata solo de que la mujer deba compartir el mismo status social que el hombre; el problema radica en que se le da a la mujer un mal comienzo en la vida producto de una incorrecta comprensión y de la carencia de una conciencia apropiada. De esta manera, las mujeres tratan de llegar al final, sin haber obtenido los beneficios de un buen principio.

Si queremos aprender a leer el alfabeto Romano, tendremos que empezar por las primeras letras A, B, C...y no por X, Y, Z. ¿Y cuál es el ABC de la mujer? ¿Cuál es el pilar fundamental de la mujer, de su existencia? Es su cualidad intrínseca, los principios esenciales de la maternidad. Cualquiera sea el área de trabajo que ella escoja, no debería olvidar estas virtudes que Dios o la Naturaleza tan graciosamente le han concedido. La mujer tendría que realizar todas sus acciones fuertemente enraizada en la base de estas cualidades maternales. Éstas constituyen, al igual que el ABC del alfabeto, los principios fundamentales de la mujer. No debería olvidar esta parte crucial de su esencia cuando actúe en otros niveles de la vida.

La mujer posee habilidades que no suelen darse en los hombres. Una mujer tiene la capacidad de dividirse en varias. A diferencia del hombre, pueden realizar diferentes labores al mismo tiempo. Cuando tiene que dividirse y hacer simultáneamente varias actividades, la mujer posee el don de realizarlas con una gran belleza y perfección. Incluso en su papel de madre, posee la virtud de expresar diferentes facetas de su ser; tiene que ser afectuosa y delicada, pero también fuerte y protectora, y si es necesario, se mostrará estricta para disciplinar a su familia. Rara vez vemos esta confluencia de cualidades en un hombre. De hecho, la responsabilidad de la mujer es mayor que la del hombre. La mujer sostiene las riendas de la integridad y de la unidad, tanto familiar como social.

La mente de un hombre se identifica fácilmente con sus pensamientos y acciones. La energía masculina podría compararse con las aguas estancadas, que no fluyen. Por lo general, la mente y el intelecto del hombre se quedan atrapados en la actividad que está realizando. Le resulta difícil cambiar su mente de un foco a otro. Por esta razón, la vida profesional y familiar de muchos hombres termina entremezclándose. La mayoría no pueden separarlas. Las mujeres, por el contrario, poseen una capacidad innata para establecer esa separación. En el hombre existe la tendencia, muy arraigada, de trasladar su comportamiento profesional a su hogar y actuar de igual manera en la relación que mantiene con su esposa e hijos. Y la mayoría de las mujeres saben cómo mantener separada la vida familiar de la profesional.

La energía femenina o de la mujer, es fluida como un río. Esto facilita su labor de madre, de esposa y de buena amiga, aportando confianza a su marido. Tiene el don especial de ser la guía y consejera de toda la familia. Las mujeres que, además, trabajan fuera del hogar, tienen todas las posibilidades para triunfar también allí.

La fuerza de la maternidad innata en la mujer, le permite hallar en sí misma un profundo sentimiento de paz y armonía. Esto hace que puedan reflexionar y actuar al mismo tiempo, mientras que el hombre tiende a reflexionar menos y a actuar más. Una mujer posee la capacidad de escuchar el dolor de los demás y responder con compasión, e incluso, si tiene que hacer frente a un desafío, sabe elevarse por encima de la situación y responder con la misma fuerza que cualquier hombre.

En el mundo actual, todo se ha contaminado y se hace de manera no-natural. En este entorno, la mujer debería actuar con especial precaución para que sus cualidades maternales y su propia naturaleza de mujer, no se vean también contaminadas y distorsionadas.

Hay un hombre en lo profundo de cada mujer y una mujer en lo profundo de cada hombre. Esta verdad les fue revelada en la meditación a los grandes sabios y videntes de la antigüedad. Esto es lo que el concepto Ardhanariswara (mitad dios / mitad diosa) quiere simbolizar en la espiritualidad hindú. Pero, independientemente de que seáis mujer u hombre, vuestra verdadera humanidad sólo saldrá a la luz cuando las virtudes femeninas y masculinas encuentren un equilibrio en vuestro interior.

El hombre también ha sufrido muchísimo a causa del exilio del principio femenino en el mundo. A causa de la opresión de la mujer y de la supresión del aspecto femenino en el interior del hombre, la vida de éste se ha visto fragmentada, y a menudo dolorosa. El hombre, también, debe despertar a sus cualidades femeninas. Tiene que desarrollar empatía y comprensión en su actitud hacia la mujer y en la forma en que se relaciona con el mundo.

Las estadísticas muestran que los hombres – no las mujeres – cometen los mayores delitos y crímenes de este mundo. Existe también una estrecha correlación entre la forma como los hombres destruyen la Madre Naturaleza y su actitud hacia la mujer. A la Naturaleza se le debería dar la misma importancia, en nuestro corazón, que a nuestra propia madre biológica.

Sólo el amor, la compasión y la paciencia – que son las cualidades fundamentales de la mujer- pueden disminuir las tendencias intrínsecamente agresivas del hombre. De igual forma, hay mujeres que necesitan de las cualidades de los hombres para no quedar inmovilizadas por su bondad y naturaleza gentil.

Las mujeres son la fuerza y el fundamento mismo de nuestra existencia en el mundo. Cuando las mujeres pierden el contacto con su ser real, deja de existir la armonía en el mundo y comienza la destrucción. Por eso es crucial que las mujeres de todo el mundo hagan un gran esfuerzo por reencontrar su naturaleza fundamental, pues sólo entonces podremos salvar este mundo.

Lo que nuestro mundo actual necesita realmente es la cooperación entre hombres y mujeres. Una cooperación basada en un sentimiento sólido de unidad, tanto familiar como social. Las guerras y los conflictos, el sufrimiento y la ausencia de paz que aflige al mundo actual, podrán ciertamente disminuir si hombres y mujeres empiezan a cooperar y a apoyarse mutuamente. Hasta que no se reestablezca la armonía entre lo masculino y lo femenino, entre hombres y mujeres, la paz continuará siendo un sueño difícil de alcanzar.

Hay dos tipos de lenguajes en el mundo: el lenguaje del intelecto y el lenguaje del corazón. Al lenguaje del intelecto árido y racional, le gusta discutir y atacar. La agresión es su naturaleza. Es puramente masculino, desprovisto de amor o de cualquier sentido de interacción con los demás. Dice, "no sólo yo tengo razón y tú estás equivocado, sino que tengo que probarlo a cualquier coste para que tu me des el paso. Controlar a otros y hacerles bailar como marionetas al son de sus propios caprichos, es típico de los que hablan este lenguaje. Tratan de imponer sus ideas sobre los demás. Sus corazones están cerrados. Y raramente tienen en cuenta los sentimientos de los demás.

Lo único que valoran y consideran es el dictado de su propio ego y su vana idea de victoria.

El lenguaje del corazón, el lenguaje del amor, el que se relaciona con el principio femenino, es bien diferente. Los que lo hablan no prestan atención a su ego. No están interesados en probar que tienen razón o que el otro está equivocado. Están profundamente interesados en el prójimo, y lo que realmente desean es ayudar, apoyar y elevar a los demás. En su presencia, surge la transformación espontáneamente. Son los dadores de una esperanza tangible y de luz en este mundo. Los que se acercan a ellos, renacen. Cuando este tipo de gente hablan, no lo hacen para impresionar, imponer sus ideas o discutir; su habla se convierte en una verdadera comunión entre corazones.

El amor verdadero no tiene nada que ver con el placer o el egocentrismo. En el amor verdadero, uno no es el importante, es el otro el que importa. En el amor, el otro no es tu instrumento para satisfacer tus deseo egoístas, sino que tu eres un instrumento de la Divinidad con la intención de hacer el bien en el mundo. El amor no sacrifica a los demás, el amor se entrega alegremente, sin esperar nada a cambio. El amor es desinteresado, y no se impone a la mujer para relegarla a un segundo plano, para tratarla como un objeto. Cuando hay amor verdadero, no te sientes menospreciado, más bien te engrandeces y llegas a ser uno con la totalidad, lo contienes todo y te sientes eternamente dichoso.

Lamentablemente, el lenguaje del intelecto es el que prevalece en el mundo actual, y no el lenguaje del corazón. Los representantes de la lujuria y del egoísmo, y no los del amor, dominan el mundo. Personas de mente estrecha influyen en las de mente débil y las utilizan para satisfacer sus objetivos egoístas. Las antiguas enseñanzas de los sabios han sido distorsionadas para adaptarlas a los deseos egoístas de los seres humanos. El concepto de amor ha quedado desfigurado. Por eso dominan en el mundo los conflictos, la violencia y la guerra.

La mujer es la creadora de la raza humana. Ella es la primera Guru, la primera guía maestra de la humanidad. Piensa en la inmensa fuerza, bien positiva o negativa, que un ser humano puede desatar sobre el mundo. Cada uno de nosotros tiene un efecto de gran alcance sobre los demás, tanto si nos damos cuenta como si no. La responsabilidad de una madre, cuando influye e inspira a sus hijos, no debe subestimarse. Hay mucha verdad en la frase que afirma que detrás de un gran hombre, siempre hay una gran mujer. Cada vez que nos encontremos con seres felices y tranquilos; con niños de nobles virtudes y buena predisposición; con hombres que tienen una fuerza inmensa para superar situaciones adversas o fracasos; con personas que poseen una gran capacidad de comprensión, simpatía, amor y compasión hacia los que sufren, y se entregan a los demás; encontraremos normalmente una gran madre que ha sido fuente de inspiración para que sean como son.

Las madres son las más adecuadas para sembrar la semilla del amor, del parentesco universal, y de la paciencia en la mente de los seres humanos. Hay un lazo especial entre una madre y un hijo. Las cualidades internas de la madre se trasmiten al hijo incluso a través de la leche materna. La madre comprende el corazón de su hijo, vierte su amor en el niño, le enseña los aspectos positivos de la vida y corrige sus errores. Si atravesamos frecuentemente un campo de hierba tierna, se formará rápidamente una senda. Los buenos pensamientos y las virtudes positivas que desarrollemos en nuestros hijos, permanecerán en ellos para siempre. Es sencillo moldear el carácter de un niño en una edad temprana, y resulta más difícil a medida que crece.

En cierta ocasión, cuando Amma estaba dando darshan en la India, se le acercó un joven. Vivía en una región del país asolada por el terrorismo. A causa de las frecuentes matanzas y saqueos, la gente de esa zona sufría mucho. Le contó a Amma que él era el líder de un grupo de jóvenes que se dedicaba a realizar mucha labor social en la zona. Le suplicó a Amma: "Por favor, haz que esos terroristas, tan llenos de rabia y violencia, lleguen a tener una correcta comprensión. Y a todos los que han sufrido tanto, que han sido torturados con tantas atrocidades, llénales el corazón con el espíritu del perdón. De otra manera, la situación se deteriorará y no acabará nunca la violencia."

Amma se sintió muy contenta al escuchar aquella plegaria de paz y perdón. Cuando Amma le pregunto qué le había motivado a elegir una vida de labor social, contestó: "Mi madre fue la inspiradora. Mi niñez estuvo marcada por la oscuridad y el terror. Cuando tenía seis años vi con mis propios ojos el asesinato despiadado, a manos de los terroristas, de mi padre, que era un amante de la paz. Mi vida quedó destrozada. Sólo sentía odio hacia los asesinos y todo lo que deseaba era vengarme. Pero mi madre me hizo cambiar de actitud. Cada vez que le decía que algún día vengaría la muerte de mi padre, ella me respondía: 'Hijo, ¿acaso volverá tu padre a la vida si los matas? Mira a tu abuela, siempre triste. Mírame a mí que apenas puedo seguir adelante sin tu padre. Y mírate a ti mismo, lo triste que estás y lo que sufres por no tener a tu padre. ¿Te gustaría que hubiera más niños y madres que sufran como lo hacemos nosotros? Ellos sentirían la misma intensidad de dolor que sentimos nosotros. En lugar de eso, trata de perdonar a los asesinos de tu padre por sus terribles acciones y divulga el mensaje de amor y solidaridad universal." Cuando crecí, me ofrecieron unirme a diversos grupos terroristas para vengar la muerte de mi padre. Pero las semillas del perdón sembradas por mi madre habían dado su fruto, y rechacé todas esas propuestas. Además, transmití a algunos jóvenes los mismos consejos que me había dado mi madre. Esto cambió el corazón de muchas personas que, desde entonces, me ayudan a servir a los demás."

El amor y la compasión, en lugar del odio, que este joven eligió derramar en el mundo, se derivan del manantial de amor de su madre.

Y es así, a través de la influencia que tiene en su hijo, como una madre influye en el futuro del mundo. La mujer que ha despertado en ella su maternidad innata trae el cielo a la tierra donde quiera que esté. Sólo las mujeres pueden crear un mundo feliz y en paz. Y así es como la mano que acuna al bebé sostiene también la lámpara que expande luz por el mundo.

Los hombres nunca deberían obstaculizar el progreso que, por derecho, le corresponde a la mujer en el seno de la sociedad. Tendrían que comprender que la contribución total de la mujer en el mundo es de vital importancia. Ellos deberían retirarse de su camino, es más, deberían facilitarle el camino para que sus avances sean más suaves.

La mujer, por su parte, tendría que pensar en lo que puede aportar a la sociedad, más que en lo que puede tomar. Esta actitud le ayudará, sin duda, a progresar. Hay que subrayar que una mujer no necesita recibir ni tomar nada de nadie, simplemente necesita despertar. Sólo así podrá contribuir socialmente de la forma que mejor considere, y recibirá todo lo que necesite.

En lugar de corroerse, permaneciendo toda su vida entre las cuatro paredes de la cocina, la mujer tendría que salir y compartir con los demás lo que tiene para dar y así realizar su meta en la vida.

Hoy en día que impera la competencia y el odio en todas partes, son la paciencia y la tolerancia de la mujer las que generan la armonía que tenemos en el mundo. De la misma forma que un circuito eléctrico no se puede dar sin la presencia

de los polos negativo y positivo, la vida también requiere, para que fluya en su plenitud, la presencia y contribución tanto de la mujer como del hombre. Y sólo florecerán interiormente cuando las mujeres y los hombres se complementen y apoyen de forma mutua.

En general, las mujeres viven actualmente en un mundo creado por y para los hombres. Las mujeres no necesitan de ese mundo, más bien tendrían que establecer su propia identidad para generar una nueva sociedad. Pero deberían recordar el verdadero significado de la libertad, pues no se trata de vivir y comportarse de la manera que quieran, sin prestar atención a las consecuencias sobre los demás. No significa que las esposas y las madres deban abandonar sus responsabilidades familiares. La libertad de una mujer, su elevación, tiene que empezar en su interior. Además, para que la shakti; es decir, la pura energía, pueda despertar y elevarse en una mujer, es necesario que ésta se conciencie de sus propias limitaciones. Más tarde podrá superarlas a través de su fuerza de voluntad, del servicio desinteresado y de la práctica espiritual.

En su esfuerzo por reestablecer sus derechos y status social, la mujer nunca debería perder su naturaleza esencial. Esta tendencia que se da en muchos países, nunca ayudará a la mujer a lograr su verdadera libertad. Es imposible lograr la auténtica libertad imitando al hombre. Si la misma mujer da la espalda a los principios femeninos, este proceso culminará con un completo fracaso de la mujer y de la sociedad. Lejos de resolver los problemas del mundo, los agravaremos. Si la mujer rechaza sus cualidades femeninas y trata de comportarse como el hombre, cultivando sólo las cualidades masculinas, el desequilibrio del mundo se acentuará. Y eso no es lo que ahora se necesita. Lo realmente necesario es que la mujer contribuya socialmente, lo mejor que pueda, desarrollando su maternidad universal, así como sus cualidades masculinas.

Mientras la mujer no haga el esfuerzo de despertar, ella misma será, por así decirlo, la responsable de crearse un mundo limitado.

Cuanto más se identifique la mujer con su maternidad interna, más rápidamente se despertará su shakti o energía pura. Cuando la mujer desarrolle este poder en su interior, el mundo empezará a escuchar cada vez más su voz.

Son muchas las personalidades y organizaciones que, como la ONU, apoyan el progreso de la mujer. Esta conferencia es una oportunidad para todos nosotros de construir sobre esta base. A Amma le gustaría compartir algunas sugerencias:

1. Los guías espirituales deberían esforzarse por lograr que sus seguidores se reencuentren con la esencia verdadera de la espiritualidad, y condenar, en este sentido, todo tipo de opresión y violencia dirigida a la mujer.

2. La ONU tendría que acudir a las zonas de guerra y allí donde se produzcan conflictos sociales para, con su presencia, dar amparo a mujeres y niños que se ven particularmente amenazados.

3. Todas las religiones y naciones tendrían que condenar las prácticas vergonzosas como la matanza de fetos femeninos y de niñas y la ablación de genitales en mujeres.

4. Debe dejar de existir el trabajo infantil.

5. El sistema de dote vigente en muchos países tendría que ser abolido.

6. La ONU y los dirigentes de cada país deberían intensificar sus esfuerzos para detener el tráfico y la explotación sexual de menores. Las consecuencias legales por estos comportamientos deberían ser tan efectivas que desterraran este tipo de prácticas.

7. Asombra el número de violaciones que se suceden en todo el mundo. Y es incomprensible que, en muchos países, sean las víctimas de estos actos las que finalmente resultan castigadas.

¿Podemos permanecer impasibles ante estos hechos? Se tendría que llegar a un acuerdo internacional sobre la educación de los jóvenes con el fin de evitar la violación y otras formas de agresión hacia la mujer.

8. La dignidad de la mujer se ve atacada por la propaganda que la presenta como objeto sexual. No deberíamos tolerar esta explotación.

9. Los guías espirituales tendrían que animar a sus seguidores a realizar servicio desinteresado, como si esta tarea formara parte integral de sus vidas.

La esencia de la maternidad no está restringida a las mujeres que han dado a luz; es un principio inherente tanto en las mujeres como en los hombres. Es una actitud de la mente. Es amor, y ese amor es la respiración misma de la vida. Nadie diría: "Respiraré sólo en presencia de mi familia y amigos, y no respiraré ante mis enemigos." De igual manera, en aquellos en los que se ha despertado la maternidad, el amor y la compasión hacia los demás forman parte de su propio ser, como el mismo respirar.

Amma siente que en los tiempos que se avecinan, habrá que hacer un esfuerzo por despertar el poder curativo de la maternidad. Es la única vía para que se realice nuestro sueño de paz y armonía para todos. ¡Y puede lograrse! Depende completamente de nosotros. Recordemos esto y avancemos.

A Amma le gustaría agradecer el trabajo de todos aquellos que han participado en la organización de esta Cumbre. Amma valora profundamente vuestros esfuerzos por conseguir la paz en este mundo. Que las semillas de la paz que estamos sembrando, aquí y ahora, den frutos para todos.

Aum Namah Shivaya

www.ingramcontent.com/pod-product-compliance
Lightning Source LLC
Chambersburg PA
CBHW070633050426
42450CB00011B/3175